CHANSONS

MADECASSES,

TRADUITES EN FRANÇOIS,

SUIVIES

DE POÉSIES FUGITIVES;

Par M. le Chevalier de P....

———

A LONDRES,

Et se vend A PARIS,

Chez HARDOUIN et GATTEY, Libraires au Palais-
Royal; Et chez les Marchands de Nouveautés.

———

M. DCC. LXXXVII.

AVERTISSEMENT.

L'ILE de Madagascar est divisée en une infinité de petits territoires, qui appartiennent à autant de Princes. Ces Princes sont toujours armés les uns contre les autres, et le but de toutes ces guerres est de faire des prisonniers pour les vendre aux Européens. Ainsi, sans nous, ce peuple seroit tranquille et heureux. Il joint l'adresse à l'intelligence. Il est bon et hospitalier. Ceux qui habitent les côtes, se méfient avec raison des étrangers, et prennent dans leur traités

4 AVERTISSEMENT.

toutes les précautions que dicte la prudence et même la finesse. Les Madecasses sont naturellement gais. Les hommes vivent dans l'oisiveté, et les femmes travaillent. Ils aiment avec passion la musique et la danse. J'ai recueilli et traduit quelques chansons, qui peuvent donner une idée de leurs usages et de leurs mœurs. Ils n'ont point de vers ; leur poésie n'est qu'une prose soignée. Leur musique est simple, douce, et toujours mélancolique.

———

CHANSONS MADECASSES.

CHANSON PREMIÈRE.

Quel est le roi de cette terre? — Ampanani. — Où est-il? — Dans la case royale. — Conduis-moi devant lui. — Viens-tu la main ouverte? — Oui, je viens en ami. — Tu peux entrer.

Salut au chef Ampanani. — Homme blanc, je te rends ton salut, et je te prépare un bon accueil. Que cherches-tu? — Je viens visiter cette terre. — Tes pas et tes regards sont libres. Mais l'ombre descend, l'heure du souper approche. Esclaves, posez une natte sur la terre, et couvrez-la des larges feuilles du bananier. Apportez du riz, du lait, et des fruits mûris sur l'arbre. Avance, Nélahé; que la plus belle de mes filles serve cet étranger. Et vous, ses jeunes sœurs, égayez le souper par vos danses et vos chansons.

CHANSON II.

Belle Nélahé, conduis cet étranger dans la case voisine. Etends une natte sur la terre, et qu'un lit de feuilles s'élève sur cette natte. Laisse tomber ensuite la *pagne* (*) qui entoure tes jeunes attraits. Si tu vois dans ses yeux un amoureux desir; si sa main cherche la tienne, et t'attire doucement vers lui; s'il te dit : Viens, belle Nélahé! passons la nuit ensemble; alors assieds-toi sur ses genoux. Que sa nuit soit heureuse, que la tienne soit charmante; et ne

(*) Pièce d'étoffe faite avec les feuilles d'un arbre.

reviens qu'au moment où le jour renaissant te permettra de lire dans ses yeux tout le plaisir qu'il aura goûté.

———

CHANSON III.

Quel imprudent ose appeler aux combats Ampanani ? Il prend sa zagaye armée d'un os pointu, et traverse à grands pas la plaine. Son fils marche à ses côtés ; il s'élève comme un jeune palmier sur la montagne. Vents orageux, respectez le jeune palmier de la montagne.

Les ennemis sont nombreux. Ampanani n'en cherche qu'un seul, et le trouve. Brave ennemi, ta gloire est brillante ; le premier coup de ta zagaye a versé le sang d'Ampanani. Mais ce sang n'a jamais coulé sans vengeance. Tu tombes, et ta chûte est pour tes soldats le signal de l'épouvante. Ils regagnent en fuyant leurs cabanes. La mort les y poursuit encore. Les torches enflammées ont déjà réduit en cendres le village entier.

Le vainqueur s'en retourne paisiblement, et chasse devant lui les troupeaux mugissans, les prisonniers enchaînés, et les femmes éplorées. Enfans innocens, vous souriez, et vous avez un maître !

———

CHANSON IV.

AMPANANI.

Mon fils a péri dans le combat. O mes amis! pleurez le fils de votre chef. Portez son corps dans l'enceinte habitée par les morts. Un mur élevé la protege, et sur ce mur sont rangées des têtes de bœuf aux cornes menaçantes. Respectez la demeure des morts. Leur courroux est terrible, et leur vengeance est cruelle. Pleurez mon fils.

LES HOMMES.

Le sang des ennemis ne rougira plus son bras.

LES FEMMES.

Ses lèvres ne baiseront plus d'autres lèvres.

LES HOMMES.

Les fruits ne mûrissent plus pour lui.

LES FEMMES.

Ses mains ne presseront plus un sein obéissant.

LES HOMMES.

Il ne chantera plus, étendu sous un arbre à l'épais feuillage.

LES FEMMES.

Il ne dira plus à l'oreille de sa maîtresse : Recommençons, ma bien-aimée !

AMPANANI.

C'est assez pleurer mon fils. Que la gaîté succède à la tristesse. Demain peut-être nous irons où il est allé.

———

CHANSON

CHANSON V.

Méfiez-vous des blancs, habitans du rivage. Du tems de nos pères, des blancs descendirent dans cette île. On leur dit : Voilà des terres, que vos femmes les cultivent; soyez justes, soyez bons, et devenez nos frères.

Les blancs promirent, et cependant ils faisoient des retranchemens. Un fort menaçant s'éleva ; le tonnerre fut renfermé dans des bouches d'airain ; leurs prêtres voulurent nous donner un Dieu que nous ne connoissons pas ; ils parlèrent enfin d'obéissance et d'esclavage. Plutôt la mort ! Le carnage fut long et terrible ; mais malgré la foudre qu'ils vomissoient, et qui écrasoit des armées entières, ils furent tous exterminés. Méfiez-vous des blancs.

Nous avons vu de nouveaux tyrans, plus forts et plus nombreux, planter leur pavillon sur le rivage. Le ciel a combattu pour nous. Il a fait tomber sur eux les pluies, les tempêtes et les vents empoisonnés. Ils ne sont plus, et nous vivons, et nous vivons libres. Méfiez-vous des blancs, habitans du rivage.

CHANSON VI.

AMPANANI.

Jeune prisonnière, quel est ton nom?

VAÏNA.

Je m'appelle Vaïna.

AMPANANI.

Vaïna, tu es belle comme le premier rayon du jour. Mais pourquoi tes longues paupières laissent-elles échapper des larmes?

VAÏNA.

O roi! j'avois un amant.

AMPANANI.

Où est-il?

VAÏNA.

Peut-être a-t-il péri dans le combat; peut-être a-t-il dû son salut à la fuite.

AMPANANI.

Laisse-le fuir ou mourir; je serai ton amant.

VAÏNA.

O roi! prends pitié des pleurs qui mouillent tes pieds.

AMPANANI.

Que veux-tu?

VAÏNA.

Cet infortuné a baisé mes yeux, il a baisé ma bouche, il a dormi sur mon sein, il est dans mon cœur, rien ne peut l'en arracher.....

AMPANANI.

Prends ce voile, et couvre tes charmes. Achève.

VAÏNA.

Permets que j'aille le chercher parmi les morts, ou parmi les fugitifs.

AMPANANI.

Va, belle Vaïna. Périsse le barbare qui se plait à ravir des baisers mêlés à des larmes !

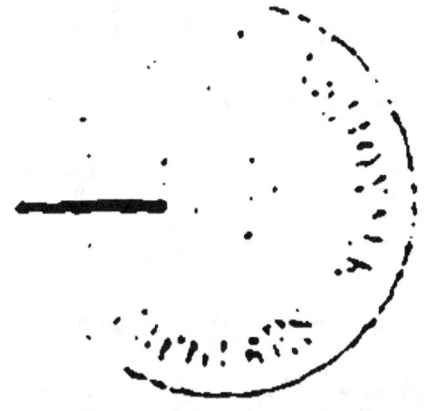

CHANSON VII.

Zanhar et Niang ont fait le monde. O Zanhar ! nous ne t'adressons pas nos prières ; à quoi serviroit de prier un Dieu bon ? C'est Niang qu'il faut appaiser. Niang, esprit malin et puissant, ne fais point rouler le tonnerre sur nos têtes ; ne dis plus à la mer de franchir ses bornes ; épargne les fruits naissans ; ne dessèche pas le riz dans sa fleur ; n'ouvre plus le sein de nos femmes pendant les jours malheureux, et ne force point une mère à noyer ainsi l'espoir de ses vieux ans. O Niang ! ne détruis pas tous les bienfaits de Zanhar. Tu règnes sur les méchans ; ils sont assez nombreux ; ne tourmente plus les bons.

CHANSON VIII.

Il est doux de se coucher, durant la chaleur, sous un arbre touffu, et d'attendre que le vent du soir amène la fraîcheur.

Femmes, approchez. Tandis que je me repose ici sous un arbre touffu, occupez mon oreille par vos accens prolongés. Répétez la chanson de la jeune fille, lorsque ses doigts tressent la natte, ou lorsqu'assise auprès du riz, elle chasse les oiseaux avides.

Le chant plaît à mon ame. La danse est pour moi presque aussi douce qu'un baiser. Que vos pas soient lents; qu'ils imitent les attitudes du plaisir et l'abandon de la volupté.

Le vent du soir se lève ; la lune commence à briller au travers des arbres de la montagne. Allez, et préparez le repas.

———

CHANSON IX.

Une mère trainoit sur le rivage sa fille unique, pour la vendre aux blancs.

O ma mère! ton sein m'a porté, je suis le premier fruit de tes amours; qu'ai-je fait pour mériter l'esclavage? J'ai soulagé ta vieillesse; pour toi j'ai cultivé la terre, pour toi j'ai cueilli des fruits, pour toi j'ai fait la guerre aux poissons du fleuve; je t'ai garanti de la froidure; je t'ai portée, durant la chaleur, sous des ombrages parfumés; je veillois sur ton sommeil, et j'écartois de ton visage les insectes importuns. O ma mère! que deviendras-tu sans moi? L'argent que tu vas recevoir ne te donnera pas une autre fille. Tu périras dans la misère, et ma plus grande douleur sera de ne pouvoir te secourir. O ma mère ! ne vends point ta fille unique.

Prières infructueuses ! Elle fut vendue, chargée de fers, conduite sur le vaisseau ; et elle quitta pour jamais la chère et douce patrie.

———

CHANSON X.

Ou es-tu, belle Yaouna? Le roi s'éveille, sa main amoureuse s'étend pour caresser tes charmes; où es-tu, coupable Yaouna? Dans les bras d'un nouvel amant, tu goûtes des plaisirs tranquilles, des plaisirs délicieux. Ah! presse-toi de les goûter; ce sont les derniers de ta vie.

La colère du roi est terrible.—Gardes, volez, trouvez Yaouna et l'insolent qui reçoit ses caresses.

Ils arrivent nus et enchaînés. Un reste de volupté se mêle dans leurs yeux à la frayeur.—Vous avez tous deux mérité la mort, vous la recevrez tous deux. Jeune audacieux, prends cette zagaye, et frappe ta maitresse.

Le jeune homme frémit; il recula trois pas, et couvrit ses yeux avec ses mains. Cependant la tendre Yaouna tournoit sur lui des regards plus doux que le miel du printems, des regards où l'amour brilloit au travers des larmes. Le roi furieux saisit la zagaye redoutable, et la lance avec vigueur. Yaouna frappée chancelle; ses beaux yeux se ferment, et le dernier soupir entr'ouvre sa bouche mourante. Son malheureux amant jette un cri d'horreur; j'ai entendu ce cri, il a retenti dans mon ame, et son souvenir me fait frissonner. Il reçoit en même tems le coup funeste, et tombe sur le corps de son amante.

Infortunés! dormez ensemble, dormez en paix dans le silence du tombeau.

CHANSON.

CHANSON XI.

Redoutable Niang! pourquoi ouvres-tu mon sein dans un jour malheureux?

Qu'il est doux le souris d'une mère, lorsqu'elle se penche sur le visage de son premier-né! Qu'il est cruel l'instant où cette mère jette dans le fleuve son premier-né, pour reprendre la vie qu'elle vient de lui donner! Innocente créature! le jour que tu vois est malheureux; il menace d'une maligne influence tous ceux qui le suivront. Si je t'épargne, la laideur flétrira tes joues, une fièvre ardente brûlera tes veines, tu croîtras au milieu des souffrances; le jus de l'orange s'aigrira sur tes lèvres, un souffle empoisonné desséchera le riz que tes mains auront planté ; les poissons reconnoîtront et fuiront tes filets ; le baiser de ton amante sera froid et sans douceur ; une triste impuissance te poursuivra dans ses bras. Meurs, ô mon fils ! meurs une fois, pour éviter mille morts. Nécessité cruelle ! Redoutable Niang !

CHANSON XII et dernière.

Nahandove, ô belle Nahandove! L'oiseau nocturne a commencé ses cris, la pleine lune brille sur ma tête, et la rosée naissante humecte mes cheveux. Voici l'heure ; qui peut t'arrêter, Nahandove, ô belle Nahandove!

Le lit de feuilles est préparé ; je l'ai parsemé de fleurs et d'herbes odoriférantes ; il est digne de tes charmes, Nahandove, ô belle Nahandove!

Elle vient. J'ai reconnu la respiration précipitée que donne une marche rapide ; j'entends le froissement de la pagne qui l'enveloppe ; c'est elle, c'est Nahandove, la belle Nahandove!

Reprends haleine, ma jeune amie; repose-toi sur mes genoux. Que ton regard est enchanteur! Que le mouvement de ton sein est vif et délicieux sous la main qui le presse! Tu souris, Nahandove, ô belle Nahandove!

Tes baisers pénètrent jusqu'à l'ame; tes caresses brûlent tous mes sens; arrête, ou je vais mourir. Meurt-on de volupté, Nahandove, ô belle Nahandove!

Le plaisir passe comme un éclair. Ta douce haleine s'affoiblit, tes yeux humides se referment, ta tête se penche mollement, et tes transports s'éteignent dans la langueur. Jamais tu ne fus si belle, Nahandove, ô belle Nahandove!

Que le sommeil est délicieux dans les bras d'une maîtresse! moins délicieux pourtant que le réveil. Tu pars, et je

vais languir dans les regrets et les desirs.
Je languirai jusqu'au soir. Tu reviendras
ce soir, Nabandove, ô belle Nahandove!

POÉSIES
FUGITIVES.

ÉPITRE

A M. LE COMTE DE P....

Pondichery, le 1 septembre 1785.

Le ciel, qui vouloit mon bonheur,
Avoit mis au fond de mon cœur
La paresse et l'insouciance ;
Je ne sais quel démon jaloux
Joignit à ces aimables goûts
L'inquiétude et l'inconstance.
Après un exil de vingt mois,
Je quittois la brûlante Afrique ;
J'allois, pour la dernière fois,
Repasser le double tropique ;
Mais un desir impérieux

Me pousse aux Indiens rivages.
Toujours errant et paresseux,
J'aime et je maudis les voyages.

En Aide-de-camp transformé,
J'ai vu la mer Asiatique,
Et de la Taprobane antique
Le ciel constamment enflammé.
Sa rive, aujourd'hui pacifique,
N'offre ni vaisseau ni canon ;
Suffren n'y laissa que son nom.
C'est-là son unique défense ;
Et la Hollandoise prudence,
qui du sort prévoit peu les coups,
Se repose avec indolence
Sur les lauriers cueillis par nous.

J'ai parcouru d'un pas rapide
Des bois tristes et sans échos.

Une main adroite et perfide
Y transplanta quelques moineaux;
Comme ancienne connoissance
J'ai salué ce peuple ailé,
Du lieu chéri de sa naissance
A regret sans doute exilé.

Poussé par un vent favorable,
J'arrive dans Pondichery.
Montrez-moi ce fameux B....
Aux Indiens si redoutable ?
La mort l'a frappé, mais trop tard;
Aisément vaincu par Stuart,
Par la goutte et par la vieillesse,
Il va rejoindre nos guerriers,
Dépouillé de tous les lauriers
Qu'il usurpa dans sa jeunesse.

Ce monde si souvent troublé

Par la politique étrangère,
Ce monde toujours désolé
Par l'Européen sanguinaire,
Sous les maux qu'y laissa la guerre
Gémira long-tems accablé.
Unie au glaive inexorable,
La famine, plus implacable,
En a fait un vaste tombeau.
Les champs regrettent leur parure;
Le coton languit sans culture,
Et ne charge plus le fuseau.
L'avarice tourne ses voiles
Vers ce lieu jadis florissant,
Arrive, et se plaint froidement
Qu'on a haussé le prix des toiles.

 Pour ne pas l'entendre, je fuis
Le brûlant séjour de la ville;
Contre la ville et ses ennuis

Oulgarey

Oulgarey sera mon asile.
O printems! réponds à mes vœux!
Si ma voix, jadis plus brillante,
Célébra ta beauté riante,
Et fit aimer ton règne heureux;
Demande à Flore ta parure,
Et viens, escorté du Zéphir,
Donner ta robe de verdure
Aux champs que je vais parcourir.
Jeune et mélodieuse encore,
Ma lyre a protégé les fleurs;
Charmantes filles de l'Aurore,
Pour mes yeux hâtez-vous d'éclore,
Rendez-moi vos douces odeurs.
Arbres chéris, dont le feuillage
Plaisoit à mon cœur attristé,
Prêtez-moi cet utile ombrage
Que mes vers ont souvent chanté.
Que dis-je? Ce climat vanté

Ne connoît ni Zéphir ni Floré;
Un long et redoutable été
Flétrit ces champs et les dévore;
Mon cœur, mes yeux sont mécontens;
Et je redemande sans cesse
Mes amis avec le printems.
J'aurois dit dans un autre tems:
Le printems avec ma maîtresse.
Mais hélas! ce nouveau séjour
Me commande un nouveau langage;
Tout y fait oublier l'amour,
Et c'est l'ennui qui me rend sage.

Vaincu par les feux du soleil,
Je me couche sur l'herbe rare;
Je cède aux pavots du sommeil;
La douce illusion m'égare.
Tout-à-coup je suis introduit
Dans un bois épaissi par elle,

Dont la fraîcheur est éternelle,
Et qui change le jour en nuit.
J'apperçois des perles liquides
Sur le feuillage vacillant ;
J'ordonne, et les rameaux humides
Viennent toucher mon front brûlant.

Mais un cri frappe mon oreille ;
Ce cri propice me réveille ;
Et je m'éloigne avec effroi
De la couleuvre venimeuse,
Qui dans sa marche tortueuse
Glissoit, en rampant, jusqu'à moi.

Le jour fuit ; l'Indien fidèle
Va prier Rutren et Brama,
Et l'habitude me rappelle
Que c'est l'heure de l'opéra.

Venez, charmantes Balliadères,

Venez avec tous ces appas
Et ces parures étrangères
Que mes yeux ne connoissent pas.
Je veux voir ce sein élastique
Enfermé dans un bois léger,
Et cette grace asiatique
Dont l'Histoire philosophique
Se plait à peindre le danger.
Venez, courtisanes fameuses;
Répétez ces jeux séduisans,
Ces pantomimes amoureuses,
Et ces danses voluptueuses
Qui portent le feu dans les sens.

 Raynal vous a trop embellies,
Et vous trompez mon fol espoir.
Hélas! mes yeux n'ont pu vous voir
Ni séduisantes ni jolies.

 Le goût proscrit leurs ornemens,

L'amour n'échauffe point leur danse,
Leur regard est sans éloquence,
Et leurs charmes font peu d'amans.
N'en déplaise aux voix mensongères,
N'en déplaise aux brillans écrits,
Cher Comte, on ne voit qu'à Paris
Les véritables Balliadères.

J'y serai bientôt de retour ;
Et puisse enfin la destinée
Dans cette ville fortunée
Fixer désormais mon séjour !
Je suis fatigué des voyages.
J'ai vu sur les lointains rivages
Ce qu'en Europe tu peux voir,
Le constant abus du pouvoir.
A l'intérêt d'un sot en place
Par-tout les hommes sont vendus;
Par-tout les fripons reconnus

Lèvent le front avec audace ;
Par-tout la force fait les loix ;
La probité paisible et douce
Réclame en vain ses justes droits ;
Par-tout la Justice est un bois
Funeste au passant qu'on détrousse.
L'amour est bien un bois aussi,
Et le plus fin s'y laisse prendre ;
Mais dans celui-là, Dieu merci,
L'on peut crier, et se défendre.

 Heureux donc qui dans vos climats,
Maître de lui, sans embarras,
S'amuse des erreurs publiques,
Lit nos gazettes, rit tout bas
De nos mensonges politiques,
Donne à l'amour quelques soupirs,
A l'amitié tous ses loisirs,
De son toit rarement s'écarte,

Et qui, prudemment paresseux,
Ne te fait jamais ses adieux
Que pour voyager sur la carte.

LÉDA.

Vous ordonnez donc, jeune Hélène,
Que ma muse enfin vous apprenne
Pourquoi ces cygnes orgueilleux,
Dont vous aimez le beau plumage,
Des simples hôtes du bocage
N'ont point le chant mélodieux ?
Aux jeux frivoles de la fable
J'avois dit adieu sans retour,
Et ma lyre, plus raisonnable,
Etoit muette pour l'amour.
Obéir est une folie ;
Mais le moyen de refuser
Une bouche fraîche et jolie,
Qui demande par un baiser !

Dans la forêt silencieuse
Où l'Eurotas parmi les fleurs
Roule son onde paresseuse,
Léda tranquille, mais rêveuse,
Du fleuve suivoit les erreurs.
Bientôt une eau fraîche et limpide
Va recevoir tous ses appas,
Et déjà ses pieds délicats
Effleurent le cristal humide.
Imprudente, sous les roseaux
Un Dieu se dérobe à ta vue ;
Tremble, te voilà presque nue,
Et l'Amour a touché ces eaux.
Léda, dans cette solitude,
Ne craignoit rien pour sa pudeur ;
Qui peut donc causer sa rougeur,
Et d'où vient son inquiétude ?
Mais de son dernier vêtement
Enfin elle se débarrasse,

Et sur le liquide élément
Ses bras, étendus avec grace,
La font glisser légèrement.
Un cygne aussitôt se présente;
Et sa blancheur éblouissante,
Et son cou dressé fièrement,
A l'imprudente qui l'admire
Causent un doux étonnement
Qu'elle exprime par un sourire.
Les cygnes chantoient autrefois;
Virgile a daigné nous l'apprendre;
Le nôtre à Léda fit entendre
Les accens flûtés de sa voix.
Tantôt, nageant avec vîtesse,
Il s'égare en un long circuit;
Tantôt sur le flot qui s'enfuit
Il se balance avec mollesse.
Souvent il plonge comme un trait;
Caché sous l'onde il nage encore,

Et tout-à-coup il reparoit
Plus près de celle qu'il adore.
Léda, conduite par l'Amour,
S'assied sur les fleurs du rivage,
Et le cygne y vole à son tour.
Elle ose sur son beau plumage
Passer et repasser la main,
Et de ce fréquent badinage
Toujours un baiser est la fin.
Le chant devient alors plus tendre,
Chaque baiser devient plus doux,
De plus près on cherche à l'entendre,
Et le voilà sur les genoux.
Ce succès le rend téméraire;
Léda se penche sur son bras;
Un mouvement involontaire
Vient d'exposer tous ses appas;
Le Dieu soudain change de place.
Elle murmure foiblement;

A son cou penché mollement
Le cou du cygne s'entrelace ;
Sa bouche s'ouvre par degrés
Au bec amoureux qui la presse ;
Ses doigts lentement égarés
Flattent l'oiseau qui la caresse ;
L'aile qui cache ses attraits
Sous sa main aussitôt frissonne,
Et des charmes qu'elle abandonne
L'albâtre est touché de plus près.
Bientôt ses baisers moins timides
Sont échauffés par le desir ;
La volupté la fait gémir ;
Et le dernier cri du plaisir
Echappe à ses lèvres humides.

Si vous trouvez de ce tableau
La couleur quelquefois trop vive,
Songez que la fable est naïve,

Et

Et qu'elle conduit mon pinceau ;
Ce qu'elle a dit, je le répète.
Mais elle oublia d'ajouter
Que la médisance indiscrète
Se mit soudain à raconter
De Léda l'étrange défaite.
Vous pensez bien que ce récit
Enorgueillit le peuple cygne ;
Du même honneur il se crut digne,
Et plus d'un succès l'enhardit.
Les femmes sont capricieuses ;
Il n'étoit fleuve ni ruisseau
Où le chant du galant oiseau
N'attirât les jeunes baigneuses.
L'exemple étoit venu des cieux ;
A mal faire l'exemple invite ;
Mais ces vauriens qu'on nomme Dieux,
Ne veulent pas qu'on les imite.
Jupiter prévit d'un tel goût

E

La dangereuse conséquence;
Au cygne il ôta l'éloquence;
En la perdant, il perdit tout.

LES TABLEAUX.

TABLEAU PREMIER.

LA ROSE.

C'est l'âge qui touche à l'enfance ;
C'est Justine, c'est la candeur.
Déjà l'amour parle à son cœur.
Crédule comme l'innocence,
Elle écoute avec complaisance
Son langage souvent trompeur.
Son œil satisfait se repose
Sur un jeune homme à ses genoux,
Qui, d'un air suppliant et doux,
Lui présente une simple rose.
De cet amant passionné,

Justine, refusez l'offrande;
Lorsqu'un amant donne, il demande,
Et beaucoup plus qu'il n'a donné.

———

TABLEAU IIe.

LA MAIN.

Quand on aime bien, l'on oublie
Ces frivoles ménagemens
Que la raison ou la folie
Oppose au bonheur des amans.
On ne dit point : » La résistance
» Enflamme et fixe les desirs ;
» Reculons l'instant des plaisirs
» Que suit trop souvent l'inconstance. «
Ainsi parle un amour trompeur,
Et la coquette ainsi raisonne.
La tendre amante s'abandonne
A l'objet qui toucha son cœur ;
Et dans sa passion nouvelle,

Trop heureuse pour raisonner,
Elle est bien loin de soupçonner
Qu'un jour il peut être infidèle.

Justine avoit reçu la fleur.
On exige alors de sa bouche
Cet aveu qui flatte et qui touche
Alors même qu'il est menteur.
Elle répond par sa rougeur ;
Puis avec un souris céleste,
Aux baisers de l'heureux Valsin
Justine abandonne sa main,
Et la main promet tout le reste.

TABLEAU IIIe.

LE SONGE.

Le sommeil a touché ses yeux ;
Sous des pavots délicieux
Ils se ferment, et son cœur veille.
A l'erreur ses sens sont livrés.
Sur son visage par degrés
La rose devient plus vermeille ;
Sa main semble éloigner quelqu'un ;
Sur le duvet elle s'agite ;
Son sein impatient palpite,
Et repousse un voile importun.
Enfin, plus calme et plus paisible,
Elle retombe mollement ;
Et de sa bouche lentement

S'échappe un murmure insensible.
Ce murmure plein de douceur
Ressemble au souffle de Zéphire,
Quand il passe de fleur en fleur;
C'est la volupté qui soupire;
Oui, ce sont les gémissemens
D'une vierge de quatorze ans,
Qui dans un songe involontaire
Voit une bouche téméraire
Effleurer ses appas naissans,
Et qui dans ses bras caressans
Presse un époux imaginaire.

Le sommeil doit être charmant,
Justine, avec un tel mensonge;
Mais plus heureux encor l'amant
Qui peut causer un pareil songe!

TABLEAU IV.

LE SEIN.

Justine reçoit son ami
Dans un cabinet solitaire;
Sans doute il sera téméraire?
Oui, mais seulement à demi;
On jouit alors qu'on diffère.
Il voit, il compte mille appas,
Et Justine étoit sans alarmes;
Son ignorance ne sait pas
A quoi serviront tant de charmes.
Il soupire et lui tend les bras,
Elle y vole avec confiance;
Simple encore et sans prévoyance,
Elle est aussi sans embarras.

Modérant l'ardeur qui le presse,
Valsin dévoile avec lenteur
Un sein dont l'aimable jeunesse
Venoit d'achever la rondeur;
Sur des lis il y voit la rose;
Il en suit le léger contour;
Sa bouche avide s'y repose;
Il l'échauffe de son amour;
Et tout-à-coup sa main folâtre
Enveloppe un globe charmant,
Dont jamais les yeux d'un amant
N'avoient même entrevu l'albâtre.
 C'est ainsi qu'à la volupté
Valsin préparoit la beauté
Qui par lui se laissoit conduire;
Il savoit prendre un long détour.
Heureux qui s'instruit en amour,
Et plus heureux qui peut instruire!

TABLEAU V^e.
LE BAISER.

Ah! Justine, qu'avez-vous fait?
Quel nouveau trouble et quelle ivresse!
Quoi! cette extase enchanteresse
D'un simple baiser est l'effet?
Le baiser de celui qu'on aime
A son attrait et sa douceur;
Mais le prélude du bonheur
Peut-il être le bonheur même?
Oui, sans doute; ce baiser-là
Est le premier, belle Justine;
Sa puissance est toujours divine,
Et votre cœur s'en souviendra.
Votre ami murmure et s'étonne

Qu'il ait sur lui moins de pouvoir;
Mais il jouit de ce qu'il donne,
C'est beaucoup plus que recevoir.

———

TABLEAUX

TABLEAU VIe.
LES RIDEAUX.

Dans cette alcove solitaire
Sans doute habite le repos ;
Voyons. Mais ces doubles rideaux
Semblent fermés par le mystère ;
Et ces vêtemens étrangers,
Mêlés aux vêtemens légers
Qui couvroient Justine et ses charmes ;
Et ce chapeau sur un sopha,
Ce manteau plus loin, et ces armes,
Disent assez qu'Amour est là.
C'est lui-même ; je crois entendre
Le premier cri de la douleur,
Suivi d'un murmure plus tendre,
Et des soupirs de la langueur.

Valsin, jamais ton inconstance
N'avoit connu la volupté;
Savoure-la dans le silence.
Tu trompas toujours la beauté,
Mais sois fidèle à l'innocence.

TABLEAU VIIe.

LE LENDEMAIN.

D'un air languissant et rêveur
Justine a repris son ouvrage ;
Elle brode ; mais le bonheur
Laissa sur son joli visage
L'étonnement et la pâleur.
Ses yeux qui se couvrent d'un voile
Au sommeil résistoient en vain ;
Sa main s'arrête sur la toile,
Et son front tombe sur sa main.
Dors, et fuis un monde malin.
Ta voix plus douce et moins sonore,
Ta bouche qui s'entr'ouvre encore,
Tes regards honteux ou distraits,

Ta démarche foible et génée,
De cette nuit trop fortunée
Révéleroient tous les secrets.

TABLEAU VIIIe.

L'INFIDÉLITÉ.

Un bosquet; une jeune femme;
A ses genoux un séducteur
Qui jure une éternelle flamme,
Et qu'elle écoute sans rigueur;
C'est Valsin. Dans le même asile,
Justine crédule et tranquille
Venoit rêver à son amant;
Elle entre; que le peintre habile
Rende ce triple étonnement.

TABLEAU IXe.

LES REGRETS.

Justine est seule et gémissante,
Et mes yeux avec intérêt
La suivent dans ce lieu secret
Où sa chûte fut si touchante.
D'abord son tranquille chagrin
Garde un morne et profond silence;
Mais des pleurs s'échappent enfin,
Et coulent avec abondance
De son visage sur son sein;
Et ce sein formé par les graces,
Dont le voluptueux satin
Du baiser conserve les traces,
Palpite encore pour Valsin.

Dans sa douleur elle contemple
Ce réduit ignoré du jour,
Cette alcove, qui fut un temple,
Et redit : Voilà donc l'amour !

TABLEAU X^e. et dernier.

LE RETOUR.

Cependant Valsin infidèle
Ne cessa point d'être constant;
Justine, aussi douce que belle,
Pardonna l'erreur d'un instant.
Elle est dans les bras du coupable.
Il lui parle de ses remords;
Par un silence favorable
Elle répond à ses transports;
Elle sourit à sa tendresse,
Et permet tout à ses desirs;
Mais pour lui seul sont les plaisirs.
Elle conserve sa tristesse;
Son amour n'est plus une ivresse.

Elle abandonne ses attraits,
Mais cependant elle soupire,
Et ses yeux alors sembloient dire :
Le charme est détruit pour jamais.

RADOTAGE,

A MES AMIS.

Salut, ô mes jeunes amis !
Je bénis l'heureuse journée
Et la rencontre fortunée
Qui chez moi vous ont réunis.
De vos amours quelles nouvelles ?
Car je m'intéresse aux amours.
Avez-vous trouvé des cruelles ?
Vénus vous rit-elle toujours ?
J'ai pris congé de tous ses charmes,
Et je ressemble au vieux guerrier
Qui rencontre ses frères d'armes,
Et leur parle encor du métier.

Amant de la belle Onésie,

Est-il passé son règne heureux?
Non, ta volage fantaisie
Ne pense plus à trouver mieux,
Et pour toi j'en rends grace aux dieux.

 Messieurs, peut-être à sa paresse
Doit-il l'honneur d'être constant;
N'importe; il garde sa maitresse;
Par indolence ou par tendresse,
Je doute qu'on en fasse autant.

 Toi sur-tout qui souris d'avance,
Vaurien échappé des Dragons.
Tu n'as pas expié, je pense,
Tes intrigues de garnisons,
Ni les coupables trahisons
Dont j'ai reçu la confidence.
Tu trompes l'hymen et l'amour;
Mais l'un et l'autre auront leur tour,

Et je rirai de la vengeance.
Tu ne ris pas, toi dont la voix
Prêche incessamment la constance.
Est-il vrai que depuis trois mois
Tu sais aimer sans récompense?
Je m'intéresse à ton malheur;
Ton ame est tendre et délicate;
Et je veux faire à ton ingrate
Une semonce en ta faveur.
Ecoutez-moi, prudente Elvire.
Vous désolez par vos lenteurs
L'amant qui brûle, qui soupire,
Et qui mourra de vos rigueurs.
Votre défense courageuse
Est un vrai chef-d'œuvre de l'art,
Et de la tactique amoureuse
Vous allez être le Folard.
Chacun a son rôle; et du vôtre
Si vous vous acquittez très-bien,

Lui

Lui, qui connoît aussi le sien,
Prend patience avec une autre.

 Approche, ami sage et discret.
Quoi, tu rougis ? Mauvais présage.
Achève, et sois sûr du secret,
Quelle est la beauté qui t'engage ?
Fripon, ai-je bien entendu ?
Ton goût a craint de se méprendre,
Et des fruits qu'on veut nous défendre,
Il choisit le plus défendu.
Par un excès de tolérance
Je pardonne à ton imprudence ;
Mais il vaudroit mieux imiter
Ce fou, dont l'ardeur assidue
Se fait un jeu de tourmenter
Nos Laïs qu'il passe en revue.
Il choisit peu ; tous les plaisirs
Amusent son insouciance ;

Et jusqu'ici la providence
L'a préservé des souvenirs
Que mérite son inconstance.

Il me semble voir des Hussards
Toujours armés, toujours en guerre,
Dont le courage téméraire
Brave les amoureux hasards.
Moi qui suis chevalier des belles,
Je vous crierai : Soyez fidèles,
L'inconstance ne mène à rien.
Mais vous n'aurez point pitié d'elles,
Et peut-être ferez-vous bien.
On vous le rendra, je l'espère ;
Ne vous plaignez donc point alors,
Et pardonnez à la première
Qui vengera l'honneur du corps.
La plainte est toujours inutile.
Suivez l'exemple d'un amant

Qui trahi, même injustement,
Lut son arrêt d'un œil tranquille,
Et fit au Journal de Paris
Insérer ce plaisant avis :

» J'avois hier une maîtresse,
De celles que l'on a souvent ;
Mais je reçois en m'éveillant
Un congé plein de politesse.
Venez, Monsieur mon successeur,
Prendre les effets au porteur
Que m'avoit confiés la belle ;
Je vous remettrai ses cheveux,
Ses traits, ses billets amoureux,
Et son serment d'être fidelle. «

De votre siècle ayez les mœurs.
La loyauté n'est plus de mode ;
L'amour nous paroît incommode,

Et nous évitons ses langueurs.
Voici la nouvelle méthode :
N'aimez pas, mais feignez toujours,
C'est le vrai moyen d'être aimable.
Sachez d'un vernis agréable
Couvrir vos frivoles discours.
Soyez humble avant la conquête;
Aux fers présentez votre tête,
Et ployez un peu les genoux;
Mais tyran après la victoire,
Vantez, affichez votre gloire,
Et soyez froidement jaloux.
Frondez le sexe qui vous aime,
C'est l'usage; ayez de vous-même
Une excellente opinion;
Négligez souvent la décence,
Et joignez un peu d'impudence
A beaucoup d'indiscrétion.
Il ne faut pas qu'on vous prévienne;

Avant que le dégoût survienne,
Quittez, et quittez brusquement;
L'éclat d'une prompte rupture
Vous tire de la classe obscure
Où végète le peuple amant.
Soudain votre gloire nouvelle
Passe de la ville à la cour;
On vous cite; plus d'une belle
Vient solliciter à son tour
L'honneur de vous rendre infidèle,
Et vous voilà l'homme du jour.

De ces travers épidémiques
Chloris a su se garantir,
Chloris dont les attraits magiques
Ont le talent de rajeunir.
Sa bouche innocente et naïve
Chérit le mot de *sentiment*,
Et sa voix quelquefois plaintive

Persuade ce mot charmant.
Du ciel la sagesse profonde
De bien aimer lui fit le don ;
Dans ce siécle de trahison
Elle est fidelle à tout le monde.

Aprés Chloris, ayez Jenny,
Et s'il se peut, tenez-vous-y.
Dans ses missives indiscrétes,
Vos yeux satisfaits et surpris
Liront ses sermens bien écrits
Sur de beau papier à vignettes.
Il faut tout dire ; les billets
Que trace sa main fortunée
Deviennent un quart-d'heure aprés
Des almanachs de l'autre année.
N'importe, un quart-d'heure a son prix.
Mais à vos soins je recommande,
Messieurs, la discréte Nœris ;

Ses vingt ans sont bien accomplis,
Et son impatience est grande.
Elle soupire quelquefois.
Soumise au pouvoir d'une mère,
Elle attend qu'à ces tristes loix
L'hymen vienne enfin la soustraire.
Sa voix appelle tous les jours
Cet hymen qui la fuit sans cesse.
Que faire donc ? Dans sa détresse
Au plaisir Nœris a recours.

Ce Dieu, pour voler auprès d'elle,
A pris une forme nouvelle.
Son air est timide et discret ;
Ses yeux redoutent la lumière ;
Toujours pensif et solitaire,
Il cherche l'ombre et le secret.
Il ne connoît point le partage,
Il ne satisfait pas le cœur ;

Mais il laisse le nom de sage,
Et s'accommode avec l'honneur.
A son culte sûr et facile
Nœris se livre sans frayeur,
Et d'une volupté tranquille
Elle savoure la douceur.
Mais la rose sur son visage
Par degrés a fait place au lis;
Adieu ce brillant coloris,
Le premier charme du jeune âge;
L'embonpoint manque à ses attraits;
Ses yeux dont la flamme est éteinte
Sont toujours baissés ou distraits;
Et déjà, malgré sa contrainte,
Sur son front on lit ses secrets.

Un amant prudent et fidèle,
Nœris, convient mieux à vos goûts;
Vos jeux en deviendront plus doux,

Et vous n'en serez pas moins belle.
S'il s'en présente un dès ce jour,
Ecoutez-le, fût-il volage;
L'hymen ensuite aura son tour,
Et viendra, suivant son usage,
Réparer les torts de l'amour.

 Aurois-tu bien la fantaisie
De renoncer au doux repos
Pour tenter ces exploits nouveaux,
Chantre brillant de Catilie?
Nous avons aimé tous les deux;
Sur les bors fleuris du Permesse
L'amour poussa notre jeunesse,
Et l'heureux nom d'une maîtresse
Embellit nos vers paresseux.
Mais tout s'use, même au Parnasse.
De la première illusion
Le charme s'affoiblit et passe,

Et nous laisse avec la raison.
Brisons la lyre qui publie
Nos caprices et nos travers ;
Crois-moi, c'est assez de folie,
Assez d'amour, assez de vers.
Vois Nelson dans les bras de Lise ;
Il y médite les fadeurs
Qui vont ennuyer Cydalise,
Et fléchir ses longues rigueurs ;
Cydalise compatissante
A Nelson donne un rendez-vous
Pour se venger du froid Cléante,
Mais Cléante n'est plus jaloux ;
Près d'une amante belle et sage
Il se croit heureux sans rival,
Et fait confidence à Dorval
D'un bonheur que Dorval partage ;
Celui-ci, volage à son tour,
Poursuit la jeune Célimène,

Et sa poursuite sera vaine;
Cécile nuit à son amour.
De Vénus ainsi va l'empire.
Nous avons trop aimé Vénus;
Rions-en; il est doux de rire
Des foiblesses que l'on n'a plus.

www.ingramcontent.com/pod-product-compliance
Lightning Source LLC
LaVergne TN
LVHW020947090426
835512LV00009B/1756